司马光与《资治通鉴》

○ 主编 金开诚

○ 编著 丁明秀

吉林出版集团有限公司

吉林文史出版社

图书在版编目（CIP）数据

司马光与《资治通鉴》 / 丁明秀编著. —长春 ：
吉林出版集团有限责任公司 ：吉林文史出版社，2010.11 (2023.4重印)
ISBN 978-7-5463-4145-3

Ⅰ. ①司… Ⅱ. ①丁… Ⅲ. ①司马光 (1019～1086)
－人物研究②资治通鉴－研究 Ⅳ. ①K825.81②K204.3

中国版本图书馆CIP数据核字(2010)第222300号

司马光与《资治通鉴》

SIMAGUANG YU ZIZHITONGJIAN

主编/金开诚 编著/丁明秀

项目负责/崔博华 责任编辑/崔博华 钟 杉

责任校对/钟 杉 装帧设计/李岩冰 徐鸿印

出版发行/吉林出版集团有限责任公司 吉林文史出版社

地址/长春市福祉大路5788号 邮编/130000

印刷/天津市天玺印务有限公司

版次/2010年11月第1版 印次/2023年4月第5次印刷

开本/660mm×915mm 1/16

印张/9 字数/30千

书号/ISBN 978-7-5463-4145-3

定价/34.80元

前　言

　　文化是一种社会现象，是人类物质文明和精神文明有机融合的产物；同时又是一种历史现象，是社会的历史沉积。当今世界，随着经济全球化进程的加快，人们也越来越重视本民族的文化。我们只有加强对本民族文化的继承和创新，才能更好地弘扬民族精神，增强民族凝聚力。历史经验告诉我们，任何一个民族要想屹立于世界民族之林，必须具有自尊、自信、自强的民族意识。文化是维系一个民族生存和发展的强大动力。一个民族的存在依赖文化，文化的解体就是一个民族的消亡。

　　随着我国综合国力的日益强大，广大民众对重塑民族自尊心和自豪感的愿望日益迫切。作为民族大家庭中的一员，将源远流长、博大精深的中国文化继承并传播给广大群众，特别是青年一代，是我们出版人义不容辞的责任。

　　本套丛书是由吉林文史出版社和吉林出版集团有限责任公司组织国内知名专家学者编写的一套旨在传播中华五千年优秀传统文化，提高全民文化修养的大型知识读本。该书在深入挖掘和整理中华优秀传统文化成果的同时，结合社会发展，注入了时代精神。书中优美生动的文字、简明通俗的语言、图文并茂的形式，把中国文化中的物态文化、制度文化、行为文化、精神文化等知识要点全面展示给读者。点点滴滴的文化知识仿佛颗颗繁星，组成了灿烂辉煌的中国文化的天穹。

　　希望本书能为弘扬中华五千年优秀传统文化、增强各民族团结、构建社会主义和谐社会尽一份绵薄之力，也坚信我们的中华民族一定能够早日实现伟大复兴！

目录

一、司马光不凡的一生

　　司马光是北宋政治家、文学家、史学家，历仕仁宗、英宗、神宗、哲宗四期。他主持编纂了中国历史上第一部编年体通史《资治通鉴》，全书共294卷，耗时十九年，记载的历史由周威烈王二十三年（公元前403年）开始，一直到五代的后周世宗显德六年（公元959年）征淮南，计跨16个朝代，共1362年。它是中国最详尽的编年体史书，编者总结出许多经验教训，供

统治者借鉴。书名的意思是"鉴于往事，资于治道"，即以历史的得失作为鉴戒来加强统治，在中国史书中有极重要的地位。司马光是中国古代史苑上空升起的一颗罕见的巨星。司马光的《资治通鉴》作为我国古代第一部编年体通史，流誉天下，历来被称为帝王教科书，为官从政者的案头宝典。

（一）家世·童年·仕途

宋真宗天禧三年（公元1019年），在光山县衙官舍，一个男婴呱呱坠地。因光山隶属光州，婴儿的父母为其起名为光，这个婴儿就是后来北宋有名的政治家和史学家司马光。

司马光，字君实，号迂叟，世称涑水先生，卒于宋哲宗元年(1086年)，享年68岁。原籍属河内，即现在的河南沁阳。他的远祖可追溯到西晋皇族安平献王司马孚。到北魏时传至司马阳，曾做征东大将军，死后安葬在夏县涑水乡高堠里(今水头乡小晁村)。隋唐五代以后，家族政治地位日渐下降。司马光的四世祖司马林、曾祖父司马政、伯祖父司马炳都以布衣而终。北宋初年，家世又有所转机，他的祖父司马炫考中进士，官至耀州富平县令。虽然官职不大，但政绩显著，而且以气节著称于乡里。

司马家族几代聚居，和睦相处，祖辈诗礼传家，家风严正。司马光的叔父司马沂和司马浩为掌管这个大家庭而宁愿牺牲前程。司马沂自勉自励，辛苦经营，司马浩慷慨仗义，抚恤孤寡。司马光的先辈，多好学上进，从祖父司马炫到司马光这一辈，有六七人都是进士出身。司马光的父亲司马池，更是一个有抱负、有见地的人。他少年时胸怀大志，专心读书，力求进取，而且治学态度十分严谨，文风质朴。在待人处事、理政、治家以及个人生

活等方面也都贯彻了这种精神。司马池考中进士，为官清廉，政绩突出，办事明快干练，而且为人正直，不谋私利。从郫县县尉，到光山县令、群牧判官，都因他贤名远扬而被人举荐。司马池为人端正，不畏权势。宋仁宗时，朝廷提升他为谏官，这在当时是一个很荣耀的职位，但司马池不为所动，恳切辞让不就。宋仁宗感动地说："人皆嗜进，而池独嗜退，亦难能也。"司马光的父亲曾为兵部郎中、天章阁待制(属翰林学士院)，在藏书阁担任皇帝的顾问，官居四品，为人清廉仁厚，号称一代名臣。

家庭教育是人生的起点，司马光从小就生长在这样一个良好的家庭环境中，这对他后来的为官、为人，都有着深刻的影响。

司马光一生诚诚实实做人，清清廉廉为官，勤勤恳恳读书、著书。在司马光6岁的时候，司马光的父亲带回家一筐青核桃，司马光闹着让姐姐给他脱皮挖仁儿吃。可是，那青皮死死贴在硬壳上，姐姐左弄右弄，青皮就是脱不掉。姐姐无法可想，干其他事去了。一个婢女走过来，司马光便请婢女帮忙，婢女把青核桃在热水中浸泡，再用小刀一刮，坚硬的外壳就去掉了。姐姐回来后看见了剥好的青核桃，惊问这层坚硬的外壳是如何剥掉的。司马光随口回答说："吾自去。"一语未了，屋里即传来大声呵斥："小子安得谩语。"意思是：你怎么能撒谎呢？

原来，婢女给青核桃脱皮的过程，已被早朝归来坐在书房里准备读书的父亲看在眼里。父亲司马池对司马光谆谆教诲道："诚，为人之本也，人当取信于

人。"司马光满脸绯红，低下了头，羞愧难当。

这件事给司马光幼小的心灵打上了深深的烙印。"诚"字对司马光的影响是巨大的，他一生恪守诚、正，令人敬服。

此外，还有一件事使小司马光名满九州。有一次，他跟小伙伴们在后院里玩耍。院子里有一口大水缸，有个孩子爬到缸沿上玩，一不小心，掉到缸里。缸大

水深，眼看那孩子快要没顶了。别的孩子一见出了事，吓得边哭边喊，跑到外面向大人求救。司马光却急中生智，从地上捡起一块大石头，使劲向水缸砸去。水缸"砰"一声破了，缸里的水流了出来，被淹在水里的孩子得救了。这就是流传至今的"司马光砸缸"的故事。这件偶然的事件使小司

马光出了名，东京和洛阳有人把这件事画成了一幅《小儿击瓮图》，广泛流传。

小小的司马光遇事沉着冷静，宝贵之处还在于他的"逆向"的思维方式。因为面对当时的场景，一般人都会从"如何使人离开水"这个方向考虑，理所当然地认为，从水里救人，自然要设法使人离开水。但当时的情况让这样的想法已经行不通了，因为这群个头矮小的孩子，无论如何不可能把落水的伙伴从又高又深的大水缸中拉出来，司马光瞬间掉转了思维方向，想到了"如何使水离开人"，机智可见一斑。

司马光出身于书香门第，自幼受到严

格的教育，勤奋好学。在学校，听先生讲论《春秋左氏传》，虽然不能完全理解书中的深奥哲理，但每次放学回家，都能对家人复述文章大意。据史书记载，司马光非常喜欢读《左传》，常常"手不释书，至不知饥渴寒暑"，真正达到了废寝忘食的境地。7岁时，他便能够熟练地背诵《左传》，并且能把两百多年的历史梗概讲述得清清楚楚，可见他自幼便对历史怀有十分浓厚的兴趣。

司马光曾以一圆木做了一个枕头，名曰"警枕"。小孩子睡着了，不容易醒过来，他便枕圆木而眠，枕头一滚便醒了，就赶紧起来读书。别人问他缘由，他回答说："我天资差，所以得抓紧时间多读几遍书，才能记住。"其勤奋与谦虚可见一斑。由于司马光勤学不倦，持之以恒，自经史百家至天文、律历、音乐、术数，无所不通。同时，才华横溢的司马光擅长著述，写得一手好文章。苏轼称其"文词醇深，有西汉风"。宋仁宗宝元元年（1038年）三月，年仅20岁的司马光金榜题名，中进士甲科，被授予奉礼郎，从此，司马光步入仕途。

司马光一生，基本上在中央任职，很少出守地方。在初任奉礼郎时，考虑到父亲司马池正在杭州就职，为了省亲之便，他请求改为苏州签书判官。然而，没有多久，双亲便相继去世。服丧期满后，司马光曾出任签书武成军判官，不久任大理评事，国子直讲。

皇祐元年（1049年），由于枢密副使庞籍的力荐，司马光出任馆阁校勘，同知太常礼院。皇祐三年（1051年）又迁殿中丞，任史馆检讨，修日历，改集贤校理，曾以论夏竦谥号而获得"不虚美、不隐恶"的美名。嘉祐三年（1058年），司马光又改祠部员外郎，直秘阁，判吏部南曹（由朝官充任，掌考核选人）。不久，迁开封府推官。

嘉祐二年，司马光迁起居舍人，同知谏院。当时，宋廷朝纲颠倒，贤人君子的才华得不到施展，奸佞小人却恣意妄为。针对这些弊政，司马光以其谏官之职，对此揭露无遗，并极力主张严整吏治。

嘉祐八年（1063年），宋仁宗驾崩，英宗即位。因宋英宗体弱多病，由慈圣光献太后垂帘听政。司马光针对当时吏治腐败、小人奸佞得势的局面，上疏力主重用忠臣贤士，剔除奸恶。他的这些做法，使乱臣贼子畏惧，清廉正直之士得以施展自己的抱负。

治平四年（1067年），宋神宗即位。司马光应欧阳修举荐，以"德性淳正，学术通明"被宋神宗提拔为翰林学士。宋神宗熙宁、元丰年间，王安石主持了轰轰烈烈的变法。青苗、免役、市易、保甲等法，先后在全国施行。在北宋中期危机四伏的情况下，司马光同王安石等忧国忧民之士一样，也在极力寻求救国富民的方

法，匡扶北宋王朝。早在庆历新政期间，司马光曾提出改衙前役为募役，认为"凡农民租税之外，宜无所预。衙前当募人为之，以优重相补"。司马光提出的募役法实际上是后来王安石变法中免役法的基础。但是，司马光老成持重，处事谨慎小心，他认为王安石急于事功，推行的新法严重脱离实际，因而坚决反对。尤其在新法施行中，因吏掾为奸，偏离正轨，失掉了惠国利民的本意，反而收到"刻剥贫民，疲扰农民"的负面效果。司马光主张立即停止施行新法。司马光因与王安石政见的分歧，于熙宁三年（1070年）以端明殿学士出知永兴军。第二年四月，任西京留守御史台，自此退居洛阳十五年，专心著述。

元丰八年（1085年），宋哲宗即帝位，太皇太后垂帘听政，起用司马光，召为门下侍郎。司马光针对当时臣民有事无所诉，明主忧勤无所知的情况，主张广开言路。一些别有用心的人避着司马光私下设定六条戒律来阻止言事者。司马光知晓后，立即上书哲宗，无情地揭露了那些歪曲、篡改诏旨的阴谋，六条戒律也不得不取消。

元祐元年（1086年）春，司马光被任命为上书左仆射兼门下侍郎（即宰相），同年九月，因病去世，享年68岁。

除本名外，司马光还有其他一些称谓。例如，因为他是夏县涑水人，后人遂称其为"涑水先生"。此外，司马光还有"司马温公""司马文正"等称号。其中，"温公"是他的封爵，"文正"则是他的谥号。

（二）清廉·直谏·远谋

司马光一生追求朴素自然，在物质方面，他"淡然无所好"。在洛阳居住期间，仅有田三顷，妻子病故后，任官近四十年的司马光，连安葬妻子的钱都没有。儿子司马康和亲戚主张借些钱，把丧事办得体面一点，司马光不同意，并且教训儿子处世立身应以节俭为贵，不能动不动就借贷。最后司马光把自己的一块田地典当出去，才料理了丧事。这就是民间流传的司马光"典地葬妻"的故事。

司马光为官清廉，他曾给子孙留下丧事不可奢华的遗嘱。1086年10月11日，官至宰相的司马光在中风的病痛折磨中去世，他的子孙按其生前嘱托，殓入早备好的薄棺，遗体以一块旧布覆盖，随葬的只有一篇专门颂扬节俭的文章《布衾铭》。前来吊唁的太皇太后、皇帝和大臣看到司马光家中除了满屋书籍外，家徒四壁，床上铺的只有一张旧竹席，慨叹不已。

司马光正直无私，两袖清风，除俸禄外，不谋取外财。还经常用俸禄周济他人。庞籍死后，留下孤儿寡母，司马光将他们接到家中，像对待自己的母亲和兄弟一样奉养。司马光十分憎恨贪官污吏，他认为皇帝的赏赐也是非分之物，不应当接受。嘉祐八年三月，宋仁宗诏赐臣下百余万，金银珠宝，丝绸绢帛，光彩夺目。见钱眼开的庸俗之辈，全都乐不可支。司马光丝毫不为所动，先是上疏"国家近来多事之秋，民穷国困，中外窘迫"，力辞不受；当推却不成时，就用所得珠宝充当谏院公使钱（办公经费），而金银则周济一些穷困的亲戚朋友。

司马光个人生活也十分俭朴。年老体弱时，他的朋友刘贤良打算用五十万钱买一婢女供其使唤，司马光当即写信谢绝，说："吾几十年来，食不敢常有肉，衣不敢有纯帛，多穿麻葛粗布，何敢以五十万市

一婢乎？"

司马光在洛阳写《资治通鉴》时，身居陋巷一处仅能避风雨的茅檐草舍。一个大雪纷飞、北风呼啸的三九寒天，一位东京来客慕名前来拜见司马光，因室内没有炭火，客人冻得瑟瑟发抖，司马光感到很抱歉，只好熬碗姜汤给客人驱寒。

司马光不仅自守清俭，而且时时教育子孙应节俭朴素。在司马光的一生中，流传着许多动人的故事。他在《答刘蒙书》中说自己"视地而后敢行，顿足而后敢立"。为了完成《资治通鉴》这部历史巨著，他不但找来范祖禹、刘恕、刘攽当助手，还要自己的儿子司马康参加这项工作。当他看到儿子读书用指甲抓书页时，非常生气，便认真地传授给他爱护书籍的经验和方法：读书前，先要把书桌擦干净，垫上桌布；读书时，要坐得端端正正；翻书页时，要先用右手拇指的侧面把书页的边缘托起，再用食指轻轻盖住以揭开

一页。他教诫儿子说："做生意的人要多积蓄一些本钱，而读书人就应该好好爱护书籍。"

在生活方面，司马光节俭纯朴，"平生衣取蔽寒，食取充腹"，但却"不敢服垢弊以矫俗于名"。他常常教育儿子说，食丰而生奢，阔盛而生侈。为了使子女们认识崇尚俭朴的重要，他以家书的形式写了一篇论俭约的文章，强烈反对生活奢靡，极力提倡节俭朴实。在文中，司马光明确提出自己的观点：其一，不满于奢靡陋习。他说，古人以俭约为美德，今人以俭约而遭讥笑，实在是要不得的。他又说，近几年来，风俗颓弊，讲排场，摆阔气，当差的走卒穿的衣服和士人差不多，下地的农夫脚上也穿着丝鞋。为了酬宾会友"常数月营聚"，大操大办。他非常痛恶这种糜烂陋习，为此，他慨叹道："居位者虽不能禁，忍助之乎！"其二，提倡节俭美德。司马光赞扬了宋真宗、仁宗时

李沆、鲁宗道和张文节等官员的俭约作风，并为儿子援引张文节的话说："由俭入奢易，由奢入俭难。"告诫儿子这句至理名言是"大贤之深谋远虑，岂庸人所及哉"。接着，他又援引春秋时鲁国大夫御孙说的话："俭，德之共也；侈，恶之大也。"对道德和俭约的关系作了辩证而详尽的解释。他说："言有德者皆由俭来也。夫俭则寡欲。君子寡欲则不役于物，可以直道而行；小人寡欲则能谨身节用，远罪丰家。"反之，"侈则多欲。君子多欲则贪慕富贵，枉道速祸；小人多欲则多求妄用，败家丧身"。其三，教子力戒奢侈以齐家。司马光为了教育儿子警惕奢侈的祸害，常常详细列举史事以为鉴戒。他曾对儿子说过：西晋时何曾"日食万钱，子孙以骄溢倾家"。石崇"以奢侈夸人，卒以此死东市"。近世寇准生活豪侈于一时，"子孙习其家风，今多穷困"。在他的教育下，儿子司马康从小就懂得俭朴的重要性，并以俭朴自律。历任校书郎、著作郎兼任侍讲，也以博古通今，为人廉洁和生活俭朴而称誉于后世。

司马光秉性刚直，在仕途上亦能坚持原则，积极贯彻执行有利于国家的决策方略。而在举荐贤人、斥责奸人的斗争中，他也敢触犯龙颜，宁死直谏，当廷与皇上争执，置个人安危于不顾。特别是他担任谏官以来，从维护朝廷的根本利益出发，小自后宫封赠、外国供品，大至官员任免、边防治要乃至帝王继统，司马光历来指陈是非，直言敢谏，从来不隐瞒自己的观点。

帝王定选皇位继承人是直接关系封建国家命运的头等大事，自古以来，即使是权重的大臣也不敢妄言。宋仁宗得病之初，皇位继承人还没确定下来。因为怕提起继位的事会触犯正在病中的皇上的忌讳，朝野很多有识之士着急却又不敢表示意见，只有谏官范镇首先提出个人建议。当时远在并州任通判的司马光得知这一消息后，不但立即写信鼓励范镇一定要死力相争，而且自己也有奏章，还特意当面跟仁宗说起此事。仁宗没有批评他，但还是迟迟不下诏书。司马光沉不住气，又一次上书说："我从前上呈给您的建议，原以为会使您有所行动，谁知现在寂无声息，不见动静，这一定是有小人说陛下正当壮年，何必马上做这种不吉利的事。那些小人们都没远见，只想匆匆忙忙的时候拥立一个和他们关系好的王子当继承人，像'定策国老''门生天子'这样大权旁落的灾祸，难道以往出现得还少吗？"仁宗听后大为感动，立即命令送中书商议。经过司马光、韩琦等人的筹划、奔波，终于将后来的英宗册立为皇太子。

英宗并非仁宗的亲生儿子，只是宗室而已。司马光料到他继位后，一定会追封他的亲生父母。后来英宗果然下令让大臣们讨论应该给他的生父什么样的礼遇，但谁也不敢发言。司马光一人奋笔上书说："为人后嗣的就是儿子，不应当顾忌私亲。濮王应按照成例，称为皇伯。"这一意见与当权大臣的意见不同。御史台的六个人据理力争，都被罢官。司马光为他们求情，但没有奏效，于是他请求和他们一起被贬官。

宋神宗时，百官欲上尊号。这对皇帝来说，自然是既荣耀又惬意的事。司马光却不愿随声附和，他力排众议，直陈个人见解："以前先帝亲自举行郊祀大典时，也不曾受过尊号。后来有人提议，国家与契丹往来通信，对方有尊号而我方却没有，这才由于特殊情况而有了权宜之举。古时候，匈奴冒顿曾经自称为'天地所生日月所置匈奴大单于'，却并不曾听说过

汉文帝增加过什么名号。但愿遵从先帝本来意愿，不要接受这种名号。"神宗听后，觉得很有道理，还特意写下了诏书表扬了司马光。

在从政生涯中，司马光一直坚持这种直谏忠正的原则，被称为"社稷之臣"。宋神宗也感慨地说："像司马光这样的人，如果常在我的左右，我就可以不犯错误了。"司马光过世后，墓地碑文是宋代文学家苏轼所书，而苏轼生前从不轻易给人写墓碑，平生只给五个人写过墓志铭，司马光即是其中一个，但苏轼与司马光的政见并不一致，二人经常在朝堂上吵得面红耳赤，苏轼曾称司马光为"司马牛"，虽然是骂人的气话，但也形象地表明了司马光的性格和为人。

司马光经常上书陈述自己的治国主张，大致是以人才、礼治、仁政、信义作为安邦治国的根本措施。他曾说，修心有三条要旨：仁义、明智、武略；治国也有三要旨：善于用人，有功必赏，有罪必罚。司马光的这一主张很完备，在当时有一定积极意义。

宋英宗时，朝廷曾下令在陕西征兵二十万，致使百姓惊慌，社会秩序混乱。司马光认为此举不妥当，所以质问掌管军事的韩琦。韩琦回答说："军事上都注重先造舆论，现在外敌桀骜不驯，让他们突然听到征兵二十万的消息，这难道没有威慑作用吗？"司马光反驳说："所谓军事上注重制造舆论，乃是有名无实，况且仅可以欺骗对方一时罢了。如今我们增加了兵力，实际上又不能使用，不过十日，对方必定能了解清楚，到那时人家还有什么可怕的呢？"韩琦又以先前乡兵可以"永不充军戍边"为由，来说明现今政策的可行。司马光则针锋相对地指出，由于朝廷曾经失信于民，已经把老百姓吓怕了，即使像我们这样的大臣也不能不产生怀疑。韩琦被驳得理屈词穷，但并没有采纳司马光的意见。仅仅过了几年，司马光原先忧虑的事情就发生了。

在任谏官的日子里，为了宋王朝的长治久安，司马光忠心耿耿，还先后提出过不少重要的治国谋略。例如，他曾经向仁宗进献所谓"保业""惜时""远谋""重征""务实"的"五规"学说，强调"此皆守邦之要道，当世之切务"（《传家集》卷二十一《进五规状》）等等。但是，比较起来，尤为引人注目并最能代表司马光深刻见地的，要数他论述君德的《三德》论和论述用人之道的《御臣》论了。

《三德》论，讲的是人君之德。在司马光看来，但凡英明有为之君，都应当具备三方面的品德，这就是：仁、明、武。

所谓"仁"不是生养抚育、迁就容忍的代名词，而是要"兴教化""修政治""养百姓""利万物"，这才是"人君之仁"。所谓"明"并不是繁杂苛细的观察，而是要"知道谊（即道义）""识安危""别贤愚""辨是非"，这才是"人君之明"。而所讲的"武"决不是强横残暴之义，而是只要道义所在，便可"断之不疑，奸不能惑，佞不能移"，这才是"人君之武"。人君具备"三德"，国家必然富强。缺一则衰弱，缺二则危险，三者无一就一定会灭亡。

《御臣》论，讲的是朝廷用人之道。司马光认为，所谓"致治之道"没有其他内容，无非三条而已：一是任官；二是信赏；三是必罚。这三条的具体内容是，在用人方面必须坚持正确的原则：依材授任，量能授职。有功则晋级奖赏，不要迁徙其官；无功则降黜废弃，而另选贤能任之；有罪则施以"流窜刑诛，而勿加宽贷"。长此以往，则朝廷必尊，万事必治，百姓必安，四夷必服。

因为《三德》论和《御臣》论属于治国要道，是司马光的重要政治主张，所以尽管这一理论最初是在仁宗时期提出来的，但后来他对英宗、神宗也多次论及。司马光甚至深有感触地对神宗说过："臣获事三朝（指仁宗、英宗、神宗三朝），皆以此六言（即论述君德的仁、明、武和论述用人之道的任官、信赏、必罚。）献，平生力学所得，尽在是矣。"（《宋史》本传）情深意切，尽职尽责，司马光对朝廷的一片赤诚，于此可窥一斑。

（三）荣辱·褒贬

宋熙宁元年，也就是宋神宗刚刚即位的那一年，王安石出任参知政事（副宰相），在神宗的积极支持下，于宋熙宁二年开始了一场旨在"富国强兵"的轰轰烈烈的变法运动。司马光与主持变法的王安石发生了严重分歧，几度上书反对新法。他说："刑法新建的国家使用轻典，混乱的国家使用重典，这是世轻世重，不是改变法律。而且治理天下，就好比对待房子，坏了就加以修整，不是严重毁坏就不用重新建造。"

司马光与王安石，就竭诚为国来说，二人是一致的，但在具体措施上，各有偏向。王安石主要是围绕着当时财政、军事上存在的问题，通过大刀阔斧的经济、军事改革措施来解决燃眉之急。司马光则认为在守成时期，应偏重于通过伦理纲常的整顿，来把人们的思想束缚在原有制度之内，即使改革，也定要稳妥，因为重建房子，非得有良匠优材，而今二者都没有，要拆旧屋建新房的话，恐怕连个遮风挡雨的地方都没有了。

司马光的主张虽然偏于保守，但实际上是一种在"宋常"基础上的改革方略。王安石变法中出现的偏差和用人不当等情况，从侧面证明司马光在政治上还是老练稳健的。

宋元丰八年（1085年），宋神宗病逝，次年，不满十岁的儿子哲宗即位，年号元祐，朝政大权掌控在太皇太后高氏手中。司马光被起用，任门下侍郎，第二年又升为尚书左仆射兼门下侍郎（即左丞相）。司马光担任宰相仅仅八个月就因病去世了，但在他执政的时期内，却做出了许多惊人之举。在他的举荐之下，一大批保守派官员一一得到提拔重用，进而在他的指引下，向变法派发动了全面的进攻。首先是尽废新法。有人认为神宗刚刚过世，不宜马上改动。司马光却上书直言："先帝之法，好的即使是百世也不能改变；而像王安石、吕惠卿所制定的制度，已经成了天下祸害，应该像救火灾、水灾一样急迫地去改变它。况且太皇太后是以母亲的身份改变儿子的法令制度，并不是儿子改变父亲的法律。"这样, 大家的意见才能统一下来。于是, 废除保甲团教, 不再设保马; 废除市量法, 把所储藏的物资都卖掉, 不取利息, 免除所欠钱物; 京东铁钱及菜盐的法律都恢复其原有的制度。

晚年的司马光疾病缠身, 但是不把新法完全废除, 他死不瞑目。于是, 他写信给吕公著说: "我把身体托付给医生, 把家事托付给儿子, 只有国事还没有托付, 今天就把它交给您吧。"于是上书论免役法五大害处, 请皇上下诏废除, 并请求废除提举常平司; 边地的策略以与西戎讲和为主; 又建议设立十科荐士之法。这些建议都被朝廷采纳。如此雷厉风行地全面废罢新法, 并不是所有的保守派官员都赞同, 如苏轼、苏辙等人就对废罢免役法持有异议, 甚至还就此问题同司马光发生过激烈的争执。然而, 司马光对新法的废罢之心毫不动摇。

司马光的品格德行、修学治史，一直受到人们的高度评价，但对他的政绩，人们却褒贬不一。保守派主政的时候，对其政绩大加褒扬，宋哲宗还赦令保守派的翰林学士苏轼撰写神道碑文，洋洋几千言尽是赞美之词。

而改革派当政时，司马光不仅没有政绩可言，而且被列入奸相之列。宋绍圣年间，御史周铁首论"温公(司马光死后谥号)诬谤先帝，尽废其法，当以罪及"。朝廷不仅夺去了所有封号，而且还把其墓前所立的巨碑推倒。王安石的学生章淳、蔡京主政时，为报复司马光等人尽废新法的做法，将其与309名朝臣列入"元祐奸党"，并要在朝堂和各州郡立"奸党碑"。但是在立碑时，发生了一件意想不到的事，石匠安民对蔡京说："小人是愚民，不知道立碑的意图。但天下人都称道司马相公为人正直，现在却要将他列入奸党，小人于心不忍。"蔡京一怒之下便要处罚他，吓得安民一面求饶，一面哭诉："大人的命令，小人不敢违抗。只是小人有一个请求，碑上刻匠人名字时，不要把小人安民的名字署上，以免留下千载骂名。"蔡京仔细一想，司马光虽然有错，但毕竟为人正直，享有威望，于是改变了主意，将司马光排除在了奸人之外。

对于这位历史名人的一生，南宋思想家朱熹曾评论道："司马光身居洛阳十五年，写出一部《资治通鉴》，可以说做了一件好事；到朝廷任相后，把推行了十五六年的新法完全废除，就连同一派的苏轼父子都不赞同，又可以说是做了一件坏事。"此话是非分明，确有一定道理。

二、《资治通鉴》的问世

《资治通鉴》简称"通鉴",是我国第一部编年体通史。给《资治通鉴》起名的不是司马光,而是宋神宗。宋神宗认为此书"鉴于往事,有资于治道",即以历史的得失作为鉴戒来加强统治,故赐书名《资治通鉴》。

（一）历史背景

任何一部伟大著作的问世都不是偶然的。换句话说，首先是由于当时的社会需要，同时也必须具备撰写该书的有利条件。《资治通鉴》的问世就是这样。

1. 社会要求

司马光生于北宋中叶，严重的政治危机是《资治通鉴》问世的主要原因。这一时期，危机四伏，形势严峻，集中反映于以下两点。

第一，国内出现日益尖锐的社会矛盾。具体说来，首先是阶级矛盾。在宋代，土地兼并始终是一大问题。如果说这一问题在太宗时期已经发展得相当严重，到仁宗时，就更是有过之而无不及，大规模的土地兼并必然激化农民与封建地主的矛盾。按照一般的历史规律，大规模的农民起义多半发生于王朝之末，而北宋王朝则不然，农民起义发生时间之早，为以往所罕见。例如，还在建国初期就爆发了王小波、李顺的起义。起义范围之广也相当惊人，仅仅宋仁宗庆历三年（1043年）就在河南、河北、山西、山东、陕西、四川、湖南、湖北、江西等地，爆发了规模不等的农民起义。在阶级矛盾激化的同时，宋王朝又有日益严重的"三冗"之患。所谓"三冗"，系指宋朝的冗官、冗兵和冗费。先说"冗官"，宋朝开国之初，设官分职，尚有一定数额。以后随着荐举、征召、恩荫（因父祖官位而子孙被授予官职，称为恩荫）、杂流（即杂色入流，流外官转授为流内官）、祠禄（宋代设祠禄之官，以佚老优贤，这些官员不任实职，只以此坐食俸禄）、科举等各种政策的推广，各类官员的数量犹如滚雪球般迅速发展起来。据文献记载，宋真宗景德（1004—1007年）、祥符（1008—1016年）中，文武官员总数为9785人，至仁宗皇祐年间（1049—1054年），内外官

署总数已经达到17300余人，其中还不包括未授差遣的京官、使臣及守选人（有出身而等候授予差遣的人）。与前期相比，不过40余年，人数竟然增加了一倍（《包拯集》卷一）。再说"冗兵"，据《宋史·兵志》记载：宋太祖开宝年间（968—975年）登记兵员378000，其中禁军马步193000；宋太宗至道年间（995—997年）登记兵员666000，禁军马步358000；宋真宗天禧年间（1017—1021年）登记兵员912000，禁军马步432000；宋仁宗庆历年间（1041—1048年）登记兵员已达1259000，禁军马步826000人。因而翰林学士孙洙沉痛指出："前世之兵，唯有猥多如今日者也。前世制兵之害，未有甚于今日者也（《挥麈录余话》）。"

"冗官""冗兵"使官俸和粮饷成为一项庞大的财政开支，出现了可怕的"冗费"现象。例如，在宋真宗时期，宗室、吏员受禄者不过9785人，而到宋仁宗宝元（1038—1039

年）以后，受禄者增加到15443人。"三冗"现象使国家财政入不敷出。试以宋宝元元年（1038年）京师出入的金帛为例，当时入1950万，出2185万。"三冗"如此严重，"用度不得不屈"（《宋史·食货志》）。

第二，"国际"存在日益危险的民族矛盾。就当时"国际"形势而言，对宋王朝构成巨大威胁的是北方的辽国和西方的夏国。在与辽、夏两国旷日持久的战事中，宋朝由于军制腐败、缺乏训练、指挥无能，伤亡损失惨重，因而对外路线长期采用屈辱、妥协政策。例如，在与辽国订立的"澶渊之盟"中规定，宋朝每年向辽方纳银十万两，绢二十万匹。宋庆历四年（1044年），宋朝又被迫每年向西夏"赐""赠"银七万二千两，绢十五万三千匹，另有茶叶三万斤。然而，屈辱、妥协只能苟且偷安一时，却不能换得永久的和平。宋仁宗熙宁七年（1074

年），辽道宗因不满足于原先每年从宋廷所得的银绢，又公然提出索取河东黄嵬山地，便是一例。

正是在局面日益严峻、朝野"求治"呼声一浪高过一浪的形势下，范仲淹、韩琦等人的"庆历新政"发生于前，王安石推行的变法革新继之于后。同"庆历新政"、王安石变法一样，司马光耕耘史苑，奋力著述，同样是危机形势的强烈呼唤所致，只不过是不同形式罢了。

特定的学术背景是呼唤《资治通鉴》的另一个重要原因。截至宋代，流行于社会的史籍主要是三种体裁——纪传体、编年体和政书体。然而，三大体裁中没有一种著作能直接贯通于宋代。换言之，北宋时期的史学领域中，急需一部能系统反映上起古代，下接宋室的通史。

2. 有利环境

司马光的《资治通鉴》之所以能在北宋中叶产生，并且很快广泛传播而风行天下，除了其他因素外，当代社会造就的有利环境是极其重要的。

首先是社会经济的繁荣发展。仅以垦田为例：宋太祖开宝末年（975年），垦田2952320顷60亩，到宋太宗至道二年（997年），已达3125250顷25亩，及至宋真宗天禧五年（1022年）已猛增到5247584顷32亩（《宋史·食货志》）。与此同时，手工业、商业也有明显发展，适应商品货币关系需要的"交子"也在真宗初年问世。正所谓"仓廪实而知礼义，衣食足而知荣辱。礼兴于有而废于无"（《史记·货殖列传》）。繁荣的社会经济为文化事业的进步奠定了物质基础。

其次是科举规模的扩大。中国的科举制度自唐代确立后，至宋代又有很大发展。以录取名额计，唐代290年间，经贡举、制举、童子举等方式共取士20619人，平均每年录取71人；宋代320年间，通过各种形式录取115427人，平均每年

361人，约为唐代取士人数的5倍。赵宋皇朝通过大规模的开科取士，更加广泛地为地主阶级各阶层打开了入仕大门。从此，为数较多的庶族地主子弟亦可跻身仕途，获得了参政机会。这对文化事业的发展有一定的促进作用，这是毋庸置疑的。

第三是科技发明和藏书事业的兴盛。继唐代发明雕版印刷之后，北宋时期又发明了活字印刷术。这一重大发明意义深远：以往编著史籍主要依靠抄写，不仅费时费力，而且数量不多、质量不佳，因而在北宋以前，一书难得有较多复本。随着印刷术的应用，复本日益增多，藏书事业也日益兴盛起来。北宋不但有国家的史馆、昭文馆、崇文院等重要藏书机构，各地州学也建有藏书阁，民间的私人藏书之风也随之兴起。图书的大量出版和收藏，使图书的流通也得到空前发展。宋代著名文学家苏轼曾经深有感触地说：

"余犹及见老儒先生，自言其少时欲求《史记》《汉书》而不可得""近岁市人转相摹刻，诸子百家之书，日传万纸，学者之于书，多且易致如此"（《文献通考》卷一百九十四）。

第四是统治者对史学的高度重视。历史文献垂训鉴戒的重大作用，早在先秦时代已经显示出来。秦汉以降，统治者对史学的重视程度日益增强。例如唐贞观三年（629年），唐太宗不但"于中书置秘书内省，以修五代史"（《唐会要》卷六三），规定房玄龄总领监修，魏征总加撰定，而且亲自参与《晋书》的撰修。自此以后，官修史书、大臣监修的制度历代相沿。北宋建立后，史学如同在唐代一样受到重视。"二十四史"中的《新唐书》《旧五代史》《新五代史》便都是在宋代前期完成的。宋朝君臣对史学的高度重视，在宋仁宗为《新唐书》所写的诏书中可窥一斑："古之为国者法后王，为

其近于己，制度文物可观故也。唐有天下且三百年，明君贤相，相与经营扶持之，其盛德显功，美政善谋，固已多矣。而史非其人，记述失序，使兴败成坏之迹，晦而不章，朕甚恨之。肆择廷臣，笔削《旧书》，勒成一家"（《文献通考·经籍考》）。正是由于封建统治者如此重视史学和大规模的修史活动，从而极大地提高了史学地位，扩大了它的政治影响，将众多的文人学者吸引到了史学方面。

第五是广泛开展的学术活动。北宋时期，学术领域相当活跃。放眼哲学方面，弘扬儒学之风再起。当时的理学，特别是客观唯心主义流派的主要代表人物，如周敦颐、邵雍、张载、程颢、程颐等人，大体都活动于司马光稍前或同一时期，他们的思想对当代及后世具有重要影响。在文学方面，可谓异彩纷呈。以欧阳修为领袖的古文运动力克晚唐以来浮靡怪诞的文风，范仲淹、苏轼等人都是积

极的参与者。就诗歌而言，历经欧阳修、
梅尧臣、苏舜钦、王安石等人的努力革
新，致力现实主义的诗风至北宋中叶已
有很大影响。特别值得一提的是，唐代的
俗讲和变文在北宋时期已演变成了"说
话人"的话本。话本的内容，或演说佛经，
或专讲"三分""五代"等历史故事。在当
时，甚至有许多人以此为职业，成为专讲
故事的大家，仅开封一地就不下二十余
人。那些热心学习历史和急切熟悉历史
的听众队伍中，不仅有为数众多的中下
层人士，还有不少达官贵人。宋仁宗本人
就是其中一员。他非常喜欢听讲和阅读
话本，甚至下令每日为他讲述一个故事。
在一般文献的整理方面，大型汇编的问
世也相当引人注目。宋太宗时期，李昉、
扈蒙等人编纂出《太平御览》，这是一部
有一千卷之巨的大型类书。宋太平兴国
年间还编出一部上继《文选》的诗文总
集《文苑英华》，亦有千卷之巨。宋真宗

时，王钦若、杨亿等人奉敕编出《册府元龟》一千卷，这是一部比《太平御览》规模还大的丛书。

以上便是司马光《资治通鉴》得以产生，产生之后又得以迅速广泛传播的社会环境。

（二）著述始末

对古今中外任何一位真正的史家来说，即便撰写一部最普通的作品，也必须有一定的指导思想，一定的工作条件，还要付出一定的劳动和汗水。《资治通鉴》是一部规模空前的编年体通史巨著，其编著目的的鲜明性、文献资料的广博性以及整个编撰过程的艰巨性，是撰写一般历史文献无法比拟的。

1. 致用当代的动机

司马光编写《资治通鉴》，其根本目的自然是古为今用。具体来说，包括"为君"和"为民"两个方面。

所谓"为君",就是编书是为了君主,即为了皇帝"御览",这是司马光撰修《资治通鉴》的基本指导思想和主要目的。关于这一问题,司马光在写给皇帝的《进〈资治通鉴〉》中说得极其明白:

每患迁、固(即司马迁、班固。这里指他们的著作《史记》与《汉书》)以来,文字繁多,自布衣之士,读之不遍,况于人主,日有万机,何暇周览!臣常不自揆,欲删削冗长,举撮机要,专取关国家盛衰,系生民休戚,善可为法,恶可为戒者,为编年一书,使先后有伦,精粗不杂。

伏望陛下宽其妄作之诛,察其愿忠之意,以清闲之宴,时赐省览。

鉴前世之兴衰,考当今之得失,嘉善矜恶,取是舍非,足以懋稽古之盛德,跻无前之至治,俾四海群生,咸蒙其福。则臣虽委骨九泉,志愿永毕矣。

由此可见,司马光创作这部书是出于

皇帝资治佐政的需要，写给皇帝阅读的，意在让皇帝从前朝的治乱兴亡事迹中，获得统治国家的经验教训。所谓经验教训，在他看来，最关键的是要牢牢地瞄准历史领域的两个方面：一是记"国家盛衰"，二是著"生民休戚"。前者主要叙述古代以来国家机器运作的情况，希望君主能从中把握有关规律；后者主要反映历代人民大众的生存和生活情况。很显然，作者考虑后者的原因是，古代以来此起彼伏的农民起义和各种形式的民族战争，与"国家盛衰"具有极其密切的关系。司马光有这种著述动机也并非偶然，这与他心系朝廷的一贯忠诚是一致的。诸如作者平素进献皇上的"致治之道"，特别是担任谏官以来的种种直谏，可以说是最好的注脚和例证。

所谓"为民"，就是为了"民众"而著述，当然主要是为了青年士子的学习，这是司马光撰修《资治通鉴》的另一个

重要目的。众所周知，随着社会的向前发
展，北宋时期已经具有相当丰富的文献
资源。地方政府以及私人藏书的情况姑
且不说，仅仅中央政府的藏书就有很大
规模。据王尧臣、欧阳修等人于宋庆历元
年奉敕编定的《崇文总目》著录，当时的
国家藏书已达30669卷。其中的史部文献
计有13大类：正史类、编年类、实录类、

杂史类、伪史类、职官类、仪注类、刑法
类、地理类、氏族类、岁时类、传记类和
目录类（见《四库总目》及粤雅堂丛书本
《四库简目》）。即以影响最大的正式类
为例，自司马迁《史记》问世以后，历经
各个朝代的不断编撰，至北宋累计已达
17部之多。这对青年士子来说，面对如
此繁多的历史文献，油然而生望洋兴叹
之感，是不足为怪的。或许是有过同样
经历的缘故罢，司马光对此体会极深，
早在《资治通鉴》编撰之前的宋皇祐四
年（1052年），他就曾对刘恕说过："《春

秋》之后，到今已经千余年了，从《史记》到《五代史》，共一千五百卷，一般学生虽穷毕生之志，也读不完，这样会让他们产生厌烦的情绪。长此下去，那些篇幅宏大的史书就没有人读了。因此，我想从周威烈王二十三年韩、魏、赵三家分晋（公元前403年）写起，一直写到五代，要使用左丘明写《左传》的编年体，要仿造荀悦写《汉纪》那样简明的语言，网罗众说，成一家言。"司马光的这席话，说明编纂《资治通鉴》之初，并不完全局限于"为君"；为青年士子提供一部可以学习的简明通史，也是目的之一。

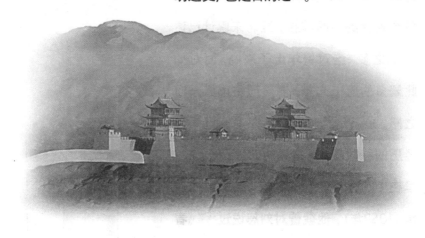

2. 得天独厚的条件

在封建社会中，往往会有这样的情况：由于皇帝是国家最高权力的象征，因而某些事情一旦得到皇帝的认可或赞赏，成功也就有了一定的保障。司马光《资治通鉴》的编纂正是这样。本书自始至终都得到了封建统治者的大力支持。无论是当年的宋英宗，还是后来的宋神宗，他们都是一直从精神上积极鼓励，在物质上鼎力赞助，竭尽一切可能，为《资治通鉴》的创作提供了最理想的条件。

宋英宗是首先支持编纂《资治通鉴》的一位皇帝。宋治平三年（1066年），当司马光刚刚将自己所写的《通志》进献朝廷的时候，这部上起战国，下穷秦末的小册子，便立即引起宋英宗的浓厚兴趣和高度重视。这位皇帝对司马光的史学天才非常赞赏，当即责成他承担继续编写一部《历代君臣事迹》的光荣任务，而且恩准为其提供极其优越的工作条件。

首先是允许司马光在崇文院建立编书机构，特批他可以随时借阅龙图阁、天章阁、秘阁及三馆（史馆、昭文馆、集贤院）的皇家典藏。当时的三馆、秘阁总称为崇文院，是北宋时期规模最大的国家图书馆。龙图阁、天章阁是专门为宋太宗、宋真宗收藏著作的文献重地。在这些常人难以驻足的地方，保存着极其丰富的历史典籍，集中了各式各样的重要文献。俗话说，"巧妇难为无米之炊"。对于作者来说，文献资料不患其多，最忌其无。如此丰富的图书资料，可以说为司马光顺利编纂《资治通鉴》提供了极其可贵的精神食粮。由于这一重要举措，基本上克服了作者以往所说的"私家力薄，无由可成"（《进〈资治通鉴〉表》）的困难。其次，宋英宗还特许司马光自行挑选协修人员。于是，主要协修者刘恕、刘攽、范祖禹等一批著名史家，便分别从不同的工作岗位齐集书局，成了司马光的左膀右臂。这些人在司马光的直接指导下, 都为《资治通鉴》的编纂工作做出了重大贡献。此外, 英宗还特意在物质上提供便利和帮助, 精神上予以鞭策和鼓励。单从这一点上看, 司马光当初创作本书属于私修, 而自从朝廷介入后, 可以说, 以设局于崇文院为分水岭, 编书的性质已由私修演变为官修了。

继位的宋神宗更是全力支持《资治通鉴》的编撰工作。司马光于宋熙宁四年(1071年) 出知外地, 居住洛阳, 一住就是十五年。关于宋神宗为什么要让司马光外任, 《宋史》里没有明确的记录, 大多数人认为, 这是变法派与保守派之间存在重大分歧所致。其实细细想来, 或许也不尽然。如果从宋神宗对司马光撰修《资治通鉴》的一贯支持态度看, 很可能还有皇帝的良苦用心: 撰写《资治通鉴》乃朝廷大事, 出知外地后, 方可使司马光摆脱政务纷争, 以便全力修史。这应该

是在情理之中。试看宋神宗在《资治通鉴》整个编纂过程中的四大举措，或许对揭示这一问题的答案有所帮助。其一，赐书。宋英宗时本已恩准司马光设书局于崇文院内，皇家典藏恣其所用。司马光出知永兴军后，宋神宗特许其书局自随，担心文献不足，又于宋熙宁四年（1071年）破例将其旧居颖邸各类珍贵文献两千四百卷，全部赏赐给司马光。司马光家中本来就有丰富的藏书，这样一来，他的洛阳宅第藏书竟然超过五千卷，这对编纂《资治通鉴》发挥了重要作用。其二，赐序。在古代史学领域中，如果说臣子书

成之后，由人君御笔作序的现象并不多
见的话，那么臣子书未写完，已由人君预
先作序的情形就更是凤毛麟角了。司马光
却得到了这种殊荣。《资治通鉴》成书于
宋元丰七年（1084年），然而，还在宋治
平四年（1067年），宋神宗就为司马光写
好书序，"面赐"作者，而且序中极尽赞
美褒奖之词："其所载明君、良臣、切摩
治道，议论之精语，德刑之善制，天人相
与之际，休咎庶证之原，威福盛衰之本，
规模利害之效，良将之方略，循吏之教
条，断之以邪正，要之于治忽，辞令渊厚
之体，箴谏深切之义，良谓备焉"（《资治
通鉴序》）。其三，赐名。《资治通鉴》，
原来并非此名。宋神宗御览之后，以为
"《诗》云：'商鉴不远，在夏后之世，'故
赐其书名曰《资治通鉴》"。其四，褒奖。
司马光编成《资治通鉴》一书后，朝廷立
即给予他极大荣誉和奖赏。宋神宗不但
亲口称赞他"博学多闻，贯穿今古""成

一家之书，褒贬去取，有所据依，省阅以还，良深嘉叹"，而且还特别赐给他大量的"银绢、对衣、腰带、鞍辔马"（《奖谕诏书》），此外，司马光还由此晋升为资政殿学士。

3. 锲而不舍的编纂

《资治通鉴》编纂的整个过程不但漫长，而且相当艰巨。司马光自幼酷爱史学，而且是矢志不移。因此，早在宋仁宗嘉祐年间（1056—1063年），他就一直在酝酿着一部史书。经过夜以继日的辛勤耕耘，他首先编出了一部《历年图》。此书仅有五卷，上起战国，下终五代，简明扼要地勾勒了历代治乱兴衰之迹。虽然这不过是一部名副其实的大事年表，但它实际上是后来的巨著《资治通鉴》的蓝图。宋治平元年（1064年），司马光曾将本书进献给英宗皇帝。宋治平三年（1066年），48岁的司马光又在原书基础上，一气呵成了《通志》八卷。是书上起周威烈王二十三年，下终秦二世三年。从内容上看，本书已经极其接近于《资治通鉴》的前一部分。宋英宗看过此书后，对司马光的道德学问十分赞赏，批准设局于崇文院，让他编纂《历代君臣事迹》（即后来的《资治通鉴》）。这样，司马光编写《资治通鉴》的时间，若从此书的源头《历年图》算起，到宋元丰七年（1084年）完成全书后，则前后大约经历了二十三年左右。即使从宋治平三年正式设局于崇文院算起，前后也整整经历了十九个春秋。

为了刻印此书，宋元丰八年（1085年）九月朝廷又下令重行校定。当时参加这项工作的除了范祖禹和司马光的儿子司马康外，还有刘安世、黄庭坚、孔武仲、张舜民等人。经过多位学者的劳作，直至宋哲宗元祐元年（1086年）十月完工，这才最后将《资治通鉴》定本移送杭州雕版。司马光享年只有68岁，而仅仅《资治通鉴》的撰修就占去了他一生的三分之一时间。

尤其令人遗憾的是，作者还没有来得及看到自己倾尽毕生精力的著作问世，便匆匆告别了人间。

既然是鸿篇巨制，编纂工作自然充满了艰辛。司马光一向认为宋英宗、宋神宗对自己有知遇之恩，因而，为了实现修史大业，个人即使陨身丧命，也在所不惜。自从宋治平三年奉诏以来，司马光会同刘恕、刘攽、范祖禹等人，将全部精力都投入到了《资治通鉴》的编撰工作中去。因为司马光本人是主编，责任重大，所以同其他人相比，更是辛苦十倍！为了使这部书早日问世，并保证内容确凿无误，他殚精竭虑，夜以继日。由于一天天、一年年的无休止的劳作，司马光几乎因累致死。在给神宗的《进书表》中，他曾十分坦白地介绍了个人在成书后的近况："臣今骸骨癯瘁，目视昏近，齿牙无几，神识衰耗，目前所为，旋踵遗忘，臣之精力，尽于此书。"真是字字千钧，句句情深，艰辛之状，溢于言表，虽千载后读之，亦足令人动容！君不见从二十年前的一个年富力强，有胆有识的四十多岁壮汉，如今却变成了一位两眼昏花，"神识衰耗"的瘦弱老翁，司马光走过了一段何等艰难的人生旅途！即使短短数语尚不足以揭示编纂道路的崎岖坎坷，但是，又有谁能否认，在那掷地有声的字里行间，分明凝聚着司马光无限的甘苦，涌动着作者勤劳的汗水，闪烁着史家的生命之光！

三、《资治通鉴》的主要内容

《资治通鉴》全书294卷，约三百多万字，另有《考异》《目录》各30卷。《资治通鉴》所记历史断限，上起周威烈王二十三年（公元前403年），下迄后周显德六年（959年），前后共1362年。全书按朝代分为十六纪，即《周纪》五卷、《秦纪》三卷、《汉纪》六十卷、《魏纪》十卷、《晋纪》四十卷、《宋纪》十六卷、《齐纪》十卷、《梁纪》二十二卷、《陈纪》

十卷、《隋纪》八卷、《唐纪》八十一卷、《后梁纪》六卷、《后唐纪》八卷、《后晋纪》六卷、《后汉纪》四卷、《后周纪》五卷。

《资治通鉴》的内容以政治、军事和民族关系为主，兼及经济、文化和历史人物评价，目的是通过对事关国家盛衰、民族兴亡的统治阶级政策的描述，以警示后人。

（一）旨在"资治"的政治史

从《资治通鉴》的名称上，可以看出"资治"当代的用心。最初曾送在神宗面前的书并不叫《资治通鉴》，而是《历代

君臣事迹》。"历代"二字尽管含有"贯通"之义，但根本宗旨隐而不露。经过宋神宗"赐名"，情况就大不相同了：不仅贯通古今、古为今用，而且"资治"二字首当其冲，格外醒目。"资"是提供的意思；"治"是管理；"通"则是纵贯古今；"鉴"是镜子。所谓"资治通鉴"就是一面旨在提供古今治国方略的镜子。

司马光从"资治"出发，以探求历史上"治乱之迹"为宗旨，专取"关国家盛衰，系民生休戚，善可为法，恶可为戒者"的历史事实入史。所以，《资治通鉴》的内容主要是政治通史，目的是为封建统

治者提供长治久安的经验教训。

1. 写上层

这里所说的"上层"，自然是指封建统治集团，也就是关乎国家兴衰的决策者和执行者。书中尤其重视为君之道，用大量篇幅记载中国历史著名的文景之治、贞观之治等贤明政治，详细描述乱国之君丧权辱国、涂炭生灵的经过，其历史评论也都是在"国之治乱，尽在人君"的观点。他把历史上的君主分为创业、守成、陵夷、中兴、乱亡五类。创业之君，如汉高祖、汉光武、隋文帝、唐太宗等。守成之君，如汉文帝和汉景帝。中兴之君，如汉宣帝。至于"习于宴安，乐于怠惰，人之忠邪，混而不分，事之得失，置而不察，苟取目前之侠，不思永远之患"，使"祖考之业"日趋颓下的陵夷之君（《历年图序》），像西汉的元帝、成帝，东汉的桓帝、灵帝，都属于这一类。在司马光看来，最坏的是那些乱亡之君，他们"心不入德

义，性不受法制，舍道以趣恶，弃礼以纵
欲，谗谄者用，正直者诛，荒淫无厌，刑
杀无度，神怒不顾，民怨不知"（《历年图
序》），像秦二世、陈后主和隋炀帝等就
是最典型的例证。对于乱亡之君，《资治
通鉴》都作了一定程度的揭露和谴责，以
为后世君主的鉴戒。由于"治"是国家兴
盛的前提，但凡帝王之"治"，也就格外
引起重视。在司马光看来，皇帝首先应
当善于选贤任能，不如此，社稷便不能长
治久安。司马光在《齐武帝永明十一年》
中写道："人君之于其国，譬犹一身，视远
如视迩，在境如在庭，举贤才以任百官，
修政事以利百姓，则封域之内无不能其
所矣！"这里司马光实际上是在告诫君主
贤人和国家的关系，如同躯体的各个部
分，看远处犹如看近处，在边疆犹如在朝
廷，只有推荐有德有才的贤能之士充任
各种官职，修明政治，为百姓谋求福利，
那么自己的疆界内的百姓才能各得其所，

社会变得稳定有序。

由于"乱"是国家"衰亡"的温床，所以，但凡古代帝王之"乱为"，司马光也往往尽量揭露出来。目的是告诫本朝统治者，江山社稷，得之甚难而失之甚易的道理。为此，他尖锐地揭露和批判封建社会统治集团最高层的黑暗、腐朽和罪恶行径，使得历史上一大批皇帝被剥掉了"神圣"的外衣，暴露于光天化日之下。如秦二世的残暴、汉灵帝的放纵、晋惠帝的愚蠢、南朝诸帝的贪欲、隋炀帝的荒淫、后晋主的无耻等等。

《资治通鉴》即使对历史上杰出的英武之君，也并不因为他们曾经有过重大贡献而讳言他们的过失。对"千古一帝"的秦始皇如此，对雄才大略的汉武帝如此，对"贞观之治"的明君唐太宗也如此。

2. 写下层

所谓"下层"，自然主要是指以广大

农民为主体的封建社会的最底层。由于他们是主要的被统治者，又是社会的大多数，他们的人心向背直接关系着国家的命运和政权的巩固，所以，司马光明确把"生民休戚"列入著述宗旨。正是在这一既定思想指导下，农民起义和农民战争在《资治通鉴》中几乎成了"生民休戚"的主线。不论是秦末第一次农民大起义，还是继之而来的汉末、隋末、唐末的农民战争，往往成为当时记事的中心。诸如起义背景、经过、规模、影响和结局，都一一呈现，所写文字几乎占当时所有叙事篇幅的一半左右。

司马光反映农民起义时，有关农民起义军声势及影响的内容，往往是据实直书。例如，写秦末农民大起义，"秋，

七月，阳城人陈胜、阳夏人吴广起兵于蕲"。写他们"攻大泽乡，拔之；收而攻蕲，蕲下。乃令符离人葛婴将兵徇蕲以东；攻铚、酂、苦、柘、谯，皆下之。行收兵；比至陈，车六七百乘，骑千余，卒数万人"；"当是时，诸郡县苦秦法，多杀长史以应涉"。陈胜"又令汝阴人邓宗徇九江郡。当此之时，楚兵数千人为聚者不可胜数"（《通鉴》卷七）。

司马光不但如实地反映农民起义和农民战争的进展情况，而且以隐含同情的笔调比较客观地揭示出起义的原因和背景。在司马光看来，农民起义的爆发，原因不外乎两个：一是民众因饥荒年代的缺衣少食，基本生活得不到保证；二是由于统治者过分地剥削、压迫而不体恤民众。由于司马光一贯坚持这种观点，因而，在农民阶级与地主阶级对垒的封建社会中，也就为后人勾勒出一幅官逼民反，民不能不反，孰是孰非，自有后人评说的历史草图。

众所周知，农民阶级是封建社会中的被压迫阶级，由于不堪地主阶级残酷的经济剥削和政治压迫，自秦代陈胜、吴广揭竿而起后，中国历史上曾经爆发了大大小小数百次农民起义和农民战争。司马光对此进行了比较客观的记述。诚然，在农民阶级与地主阶级的阶级斗争中，作为封建史家的司马光，没有也不可能站在农民阶级的立场上分析和看待问题。他所做的一切，无非是要为北宋王朝提供前车之鉴，为帝王敲响历史警钟，以便未雨绸缪而及早采取对策。但是，客观上却反映了农民起义、农民战争的真实情况，比较真实地揭示了历代治乱兴衰的情形，也为后人研究古代历史提供了比较可靠的文献资料。

3. 写战争

战争是政治的继续，是政治斗争的最高表现形式。《资治通鉴》记述了古代

以来各式各样的战争，有发生于农民阶级与地主阶级之间的农民起义和农民战争；有发生于封建统治者内部的争权夺利的战争；也有发生于民族之间的民族战争。

《资治通鉴》中揭示了大量的统治集团之间的战争，对战争的描述也很生动。凡是重大的战役，对战争的起因、战局的分析，战事的过程及其影响，都有详细记载。如秦赵长平之战、三国赤壁之战、秦晋淝水之战等。

司马光还特别留意反映上层统治者因"内乱"而爆发的战争，如发生于西汉景帝时期以刘濞为首的"七国之乱"、发生于西晋惠帝时期的"八王之乱"、发生于南朝梁武帝时期的"侯景之乱"等等。记述最为详尽的当属爆发于唐玄宗时期的"安史之乱"。《资治通鉴》如此重视封建统治内部战争，主要是源于以下的思想认识：内部战乱有动摇、甚至摧毁整个国家的危险。通过反映有关战乱的前因后果，可以达到两个目的：一是从正面总结经验教训，为封建统治者开出警惕、应付的药方；二是可以从反面晓以利害，警告那些谋乱者，如若执意"逆天而行"，必将落得身败名裂的下场。

在《资治通鉴》中，也记述了古代以来许多民族战争。司马光在这方面比较强调国家统一，宣传爱国主义思想。凡是维护统一或爱国参战者，就颂扬；反之，就揭露和抨击。

（二）蕴有"唯物"的哲学史

《资治通鉴》无论是在记述古代的各种灾异及宗教方面，还是在阴阳五行以及某些天人关系问题上，都可以清楚地看到其中蕴涵的朴素唯物主义的哲学观。

一是有关怪异现象。司马光本着孔子

"不语怪、力、乱、神"（《论语·述而》）的精神，一向反对"阴阳家立邪说以惑众，为世患"（《传家集》卷六十五）。对于怪诞不经而又"强附时事"的资料往往不信其说，例如五星之变、五行灾异等，大多删而不录。有关日食、月食、彗星、地震等自然现象的记载，往往剔除其迷信色彩，将天象与人事分离开来。《资治通鉴》中也记述方士，但也是别有用意，或在行文中以"自言""诳人"之类的字眼暴露其骗人伎俩，或索性直接评论，揭穿这些人原本就是"诡诞之士，奇邪之术"。

二是有关佛、道宗教。尽管在《资治通鉴》中也有关于佛教和道教事迹的记载，但作者的基本原则是既不相信佛教，也不相信道教。司马光一向认为，"释老之教，无益治世，而聚匿游惰，耗蠹良民，此明识所共知"（《传家集》卷二十六）。正是在这种思想指导下，早在记述佛教传入中国之初，司马光就尖锐批评它"善为宏阔胜大之言，以劝诱愚俗"（《通鉴》卷四十五）。作者还通过一系列史实揭露了佛教、道教的危害。

三是有关正闰之说。所谓"正闰说"，从表面上看，是有关封建王朝的正统与僭伪的学说，而究其本原，就是阴阳家五德终始说——也称"五德转移说"，战国时期阴阳家邹衍鼓吹的学说。主要是说水、火、木、金、土物质的德性相生相克，而周而复始，以此附会王朝兴替的原因。例如夏、商、周三朝的递嬗，是由于火（周）克金（商），金克木（夏）。由此虚构出一个唯心的历史循环论。考察古代，夏、商、周时期并不曾有什么"正统"问题。战国时代，为了给新兴的地主阶级统一政权制造神学根据，阴阳家邹衍便抛出了"五德终始说"。从此，折中说法便在特定环境下日渐传播开来。司马光对正闰说一贯持反对态度，而且运用科学

的史学观点廓清了愚弄后人的"正闰说"的神学迷雾，可以说，司马光的史学观点着实高人一筹。

四是有关天人关系。由于司马光一向以孔子的"不语怪、力、乱、神"为信条，所以对古代以来的天命论持怀疑和批判态度。在分析刘邦建汉原因时，司马光指出，"高祖奋布衣，提三尺剑，八年而成帝业，其收功之速如是，何哉？惟其知人善使而已。故高祖自谓：'镇国家、抚百姓，不如萧何；运筹策、决成败，不如子房；战必胜、攻必取，不如韩信。三人者皆人杰，吾能用之，所以取天下。'韩信亦曰：'陛下不善将兵，而善将将。'斯言尽之矣"（《稽古录》卷十二）。司马光论述西汉的兴起，竟然一字不提"天道"，倒是一再地强调"人杰"在建功立业中的决定性作用，他在这些地方的"轻天重人"的天人观，表现得再清楚不过了。

此外，司马光因不同意正史中大肆宣扬的"君权神授"的理论，故而常常以各种形式剥掉帝王们所谓"神仙"下凡、天赐"龙种"的外衣，从而，不是把他们当成"神"，首先是作为"人"来反映。于是，出现在《资治通鉴》中的皇帝们有功，有过，甚至有丑行，有罪恶，并不是特别"神圣"。司马光这样不虚美、不隐恶地反映历史，尽管其目的仍在于为皇朝提供鉴戒，但客观上为后人提供了一些相对可信的资料，是有一定的积极意义。

四、《资治通鉴》的主要思想

任何思想深刻的人都不会站在现实之外。司马光面对北宋积贫积弱、内忧外困的危局，在波涛汹涌的变法浪潮中，感时伤事，缅古观今，希望从历史中寻找到可供北宋统治者鉴戒的经验和教训，安邦济世。

司马光十九年如一日，将一生的心血凝聚在《资治通鉴》里，《资治通鉴》也集中地表现了司马光对历史、现实、社会、人生的种种观点和看法。这些观点和看法，既是一种启迪，也是治国安邦所需要的宝贵历史智慧。

"读史使人明智。"明君的仁政、良臣的品格、贤者的节操、智者的智慧、忠义者做人的标准、决胜千里的远见卓识和明辨是非的能力，都能在《资治通鉴》中找到蓝本。《资治通鉴》的思想博大精深，这里就其所蕴涵的治国安邦的思想和智慧作些粗浅的说明。

司马光穷竭毕生精力写《资治通鉴》，他的目的很明确，就是要写有关国家盛衰，生民休戚，写出善可为法、恶可为戒的历史。也就是说，探求历史治乱之

迹，辨明政治兴衰变化之故，是《资治通鉴》的基本指导思想。《资治通鉴》以其极为丰富的历史事实证明：政治统治的存在、巩固和发展，离不开对历史经验教训的总结。一部《资治通鉴》虽然只有三百余万字，但它包含了丰富的历史事实，记述了周、秦、汉、魏、晋、宋、齐、梁、陈、隋、唐、后梁、后唐、后晋、后汉、后周共十六代的漫长历史发展过程，而其中涉及到的王朝兴衰得失则更多。它提供的历史经验和教训，是以往任何一部史书都不能与之相比的。

（一）帝王之道

司马光写《资治通鉴》的目的在于供君主为鉴，使君主懂得知人、立政的道理，所以《资治通鉴》在治国问题上向帝王提出了一套办法，即帝王之道。这些林林总总的方法，概括起来就是"君明臣

贤"。

司马光把历代君主分为五类，一是创业之君；二是守成之主；三是陵夷昏君；四是中兴明主；五是乱亡国君。这五类实际上是根据历代君主的才能和作为而区分的。

创业之君，智勇冠于一时，创立基业，一统天下。

守成之主，才能中等但能做到自我修养，自尊自律，所以还能兢兢业业遵守祖宗法度，弊则补之，倾则扶之，虽然没有盛世辉煌，但天下也不闻叹息悲歌。

陵夷昏君，才能只及中等，但不能修身养性，沉迷于宴乐，荒怠于女色，人之忠邪，混而不分，事之得失，置之不察，贪安于眼前而无长久之思虑，胡作非为，使祖宗创下的基业，如丘陵之势，倾颓而下，使王朝显出衰败之象。

中兴之主，才能过人，而且能自奋图强，能勤身克己，尊贤求道，见善则从，有过则改，亲君子，远小人，力挽危局。

乱亡国君，才能低下，又不能修身，心不入德义，性不受法则，舍正道而趋邪恶，弃礼义而纵奢欲。朝廷内外，谗谄者进用，正直者被诛杀，荒淫无厌，刑法无度，天怒人怨，最后丧家亡国是必然的。

君主的才能对于治国安邦固然重要，但修养和自律也是不可忽视的。司马光认为国家兴衰主要取决于君和臣的道德修养。在主张君主应当加强道德修养的基础上，司马光提出了人君三德：仁、明、武。仁是根本；明是实现仁的方法；武就是果断，也是实现仁的外在条件。《资治通鉴》中的"臣光曰"（即司马光

对历史的评论)，反复强调君主应该讲求仁义，克己复礼，慎于抉择，善始慎终。只有这样，才能做一个仁明的君主，国家才能长治久安。

君主要仁、明、武，如何才能致天下大治呢？司马光认为致治之道有三：一是任官；二是信赏，三是必罚。具体来说，治理国家，必须任官以才，立政以礼，怀民以仁，交邻 (外交) 以信。只有这样，才能官得其人，政得其节，百姓怀其德，四邻亲其义，国家才能安如磐石。

关于善于用人，司马光认为国家治理得好与坏，关键在用人是否得当。主张必须坚持用人唯贤、不分亲疏、新故，必须正确识别贤与不肖，选拔德才兼备的人。他还指出，魏晋以来，选官之法是先门第后贤才，这是失政误国的弊政。因此"为治之要，莫先于用人"。而对人才的使用又必须坚持信赏和惩罚并举的原则，有功必赏，有罪必罚。如果赏罚不明，则勤惰无分，国家各项政务也就无法治理，势必造成"上下劳扰而天下大乱"的局面；若能做到执法公正、无所阿私，则"法治不烦而天下大治"。

关于教化为先，司马光认为刑罚和监狱固然是维护社会的重要手段，但它只能约束人的身体，约束不了人的思想。中世纪意大利科学家布鲁诺被教会烧死在罗马鲜花广场之前说过一句话：铁窗和高墙能锁住我的身体，但却无法不让我的思想自由飞翔。这句话中表露出的观点与司马光的思想如出一辙。治理国家，民情教化是非常重要的。用司马光的话说就是"教化，国家之急务也，而俗吏慢之（轻慢）；风俗，天下之大事也，而庸君忽之。惟明智君子深识长虑，然后知其为益之在而收功之远也"。作为统治者，应该认识到施行教化、正厉风俗，这是关系到治国安民的大事。但是，要实行教化，正厉风俗，只有"教立于上"，才能"俗成

于下"。意思是说，老百姓是看着统治者的，统治者只有修身养性，清正廉明，为社会做出表率，才能真正引导社会风气。反言之，社会风气不正，种种腐败风气滋生和蔓延，都是统治者没有立教于上所致。只有统治者自己做好了，身正了，做社会模范，才能通过思想教育，改变社会风气，老百姓就不会有犯上作乱的事了。

虽然治国要以教化为先，但法制也是不可少的。司马光看到了法是"天下公器"的性质和特征。法的本身是天下之公器，但这个公器如何操持，由谁来操持，结果是大不一样的。司马光说：善持法者亲疏如一，无所不行，则人莫敢有所恃而犯之。操持法制，最根本的就是秉公执法，有功则赏，有罪必诛，无所徇私容情，只有这样，法制既不必繁密，而天下又可大治。司马光还看到，法应当具有一定的稳定性，不可朝令夕改，不可变故乱常，要维持法制的相对稳定性和严肃性。

（二）德治天下

司马光认为君主的"心"（德行）是国家治乱兴衰的根源。用他自己的话说就是"治乱安危存亡之本源，皆在于人君之心"。司马光的基本政治倾向是以德治天下。

司马光认为："心"既然是国家治乱安危存亡的本源，那么要使天下大治，必须首先"正心"。如何才能"正心"呢？司马光认为"正心"即明礼，礼治是统治万民的基本手段。在这种思想指导下，维护礼制和名分成为《资治通鉴》的最高原则。礼制和名分固然是儒家的传统思想，是维护封建等级制度和社会秩序的精神支柱。但是，在一定的社会条件下，与一定的社会发展阶段相适应的礼制和名分也是社会秩序的代名词。如果礼违道丧，名实相分，那么人心大乱、社会大乱、道德沦丧的局面必然出现。

《资治通鉴》维护礼制和名分，不仅有其时代合理性，而且司马光还赋予了它新的意义，即以礼制和名分作为观察社会治乱兴衰的镜子，帮助人们认识封建社会的善与恶、是与非。

《资治通鉴》记事首先从赵、魏、韩三家分晋开始，其开端立意是深刻的。司马光开篇作了长达一千多字的议论，开宗明义地指出了三家的大夫瓜分晋室、以及周天子封他们为侯是违反礼制和名分、破坏纲纪的行为，他说，天子的职责是维护礼制，没有比这更重要的事情了。礼的最要害部分是划清君、臣的界限，这就是"分"。划分界限最要紧的是确定各个社会等级的名义，天子之下有公、侯、卿、大夫。司马光认为，维护礼制、名分，关键在于天子是否能遵守有关秩序。如三家分晋，从周天子来说是"自坏"其礼，从诸侯来说，是破坏了"名分"，僭越了既定的社会等级。这里我们且不去评

论三家分晋的历史意义，但就司马光抓住了天子是维护礼制的关键这一点来说，反映了他的求实精神和严肃的治史态度。礼制、名分是贯穿全书的总纲领，在他看来，能否维护礼制、名分是衡量明君、昏君、暴君的主要标准，事关社会的治与乱、国家的兴与亡。这样，《资治通鉴》就摒弃了正史中种种君权神授的说教，确定了兴衰成败在于人事的历史观。

司马光对东汉灵帝倾注了较多笔墨。《资治通鉴》对汉灵帝有这样一段记述：是岁，帝作列肆（做买卖的店铺）于后宫，使诸采女贩卖，更相盗窃争斗；帝自著商贾服饰，从之饮宴为乐。又于西园弄狗，着进贤冠（当时官吏的帽子），带绶（结扎于腰的丝带）。又驾四驴，帝躬自操辔，驱驰周旋；京师转相仿效，驴价遂与马齐。帝好为私蓄，收天下之珍货，每郡国贡献，先输中署（先送到宫廷内库），名为"导行费"。中常侍上疏规谏，"书奏，不

省"。这段关于汉灵帝的记述，表面看来是写汉灵帝如何荒淫腐朽，实质上是在批评汉灵帝不"正心"，既没有履行作为一国之君的职责，也违背了作为国君应有的名分。

对于秦始皇、汉武帝、唐太宗这样有雄才大略的杰出皇帝，司马光做到善恶必书、功过分明。他在评论汉武帝时说："孝武穷奢极欲，繁刑重敛，内侈宫室，外事四夷，信惑神怪，巡游无度，使百姓疲敝，起为盗贼。其所以异于秦始皇者无几矣。然秦以之亡，汉以之兴者，孝武能遵先王之道，知所统守，受忠直之言，恶人欺蔽，好贤不倦，诛赏严明，晚而改之，顾托得人，此其所以有亡秦之失而免于亡秦之祸乎？"（《资治通鉴》卷二十二）这里对汉武帝的评价是比较客观和恰当的。又如对唐太宗李世民的评价，《资治通鉴》没有抄袭正史中的溢美隐恶之词，而是在经过对史实考证之后，较准确地记载历史事实，以恢复历史本来面目。对玄武门事变的记载，客观地反映出唐高祖、太子建成、次子李世民之间的权力之争。司马光在"臣光曰"的评论中又特别指出："使高祖有文王之明，隐太子有泰伯之贤，太宗有子臧之节，同乱何自而生矣！"（《资治通鉴》卷二十二）这里，他没有按新、旧《唐书》中的调子评判是非，而是把这次事变看做是李氏集团内部的权力之争。他们父子、兄弟之间各有各的责任。司马光通过较为客观地对历史上帝王的善恶的揭示和评说，指明皇帝必须首先约束自己的言行，治国"如临深渊，如履薄冰"，须谨慎小心。评论帝王功过，也在于能起到"穷探治乱之迹，上助圣明之鉴"的作用。司马光这

样写历史、评历史，归根结底还在于维护皇权和封建秩序。封建时代也存在两种写史态度，一是为维护当权者尊严，而有溢美隐恶，以自欺欺人；另一种是据事直

书，不虚美，不隐恶，以便引为借鉴，求得长治久安。司马光的态度属于后者，这种态度在客观上是有一定积极意义的，它可以为我们提供、再现历史的真实面貌（相对而言）。有人称《资治通鉴》是比较可信的政治史，原因也在于此。

（三）无为而治

老子说过："治大国若烹小鲜。"意思是治理国家，就像烤小鱼，要任其自然，不要随意翻动，即使翻动，也要轻轻的、柔柔的、慢慢的。

司马光在政治上是王安石变法的反对党领袖。他为了说明治理国家必须因循守旧，便极力寻找历史根据，企图使皇帝认识历代变法是行不通的、是误国误民的。他竭尽心血编纂的历史名著《资治通鉴》，亦不可避免地受到这种思想影响。司马光有一个基本观点就是从古至今只是历代治乱和世运兴衰的循环往复。司马光说："治乱之道，古今一贯；治乱之道，古今同体。"司马光总体倾向是向前看，向往和追求的是先王之道。如他在写汉代的无为而治、论及"萧规曹随"时说："曹参一遵萧何成法，无所变更，汉业以成；而汉武帝用张汤之言，变更汉高祖法度，致使盗贼半天下；汉元帝变宣帝之政，汉室更为衰落。"在司马光的眼里，"变"则衰，"不变"则盛；"变"则亡，"不变"则存。"变"简直是一切祸患的总根源。由此得出"祖宗之法不可变"的结论。他就是这样尽量收集历史上这类事例，用来作为反对王安石变法的根据。从这点来说，司马光显然是以自己的思想强加于古人头上，有让历史为我所用的实用主义嫌疑，可以说司马光的理智被感情代替了。他的错误至少有两点，一是错误地解释了汉代历史盛衰的原因；二是片面地看待历史的经验。我们可以说，汉

初与民休息的政策，促进了农业生产的恢复和发展，然而，随着专制主义政治、地主经济的发展，与民休息的政策不可能持久执行下去，代之而起的必然是繁重赋税、徭役的困扰、地主土地兼并的恶性膨胀，以致人民陷入水深火热的深渊。汉王朝由盛而衰的趋势，成了不可抗拒的规律，根本不是政治上的变革所能造成的。另外，司马光把祖宗确定的治国方法看做是永远不可变更的，这在历史上也找不到先例。司马光坚持的"祖宗之法不可变"显然是政治上的偏见，这也是《资治通鉴》存在的严重缺陷。

(四) 知人与用人

在自然观方面，司马光是个朴素唯物主义者，这突出表现在他反对天命论，反对佛、道和迷信鬼神，而始终注意人事。他用大量事实说明国家兴衰不在天命，而在人事；也说明了"释老之教，无益治世，而聚匿游惰，耗蠹良民"的道理。《资治通鉴》很少言及天道，虽然偶尔说"天"，落脚点还在于人。《资治通鉴》慎书怪异，凡妖异止于荒诞，一律删而不取，只有说妖异但有所儆戒的，才择而存之。

由于司马光的注意点在于人，考察探求的是人对于治乱兴衰的作用，所以，他对人物评价上有一套自己的标准。

关于人性，历代争议不休，孟子认为人性是善的，对人应该以教育为主。而荀子则主张人性是恶的，对人应该用鞭子和牢狱才能约束和管理。司马光认为人性善恶都有，应当加强教育。教育对人性的变化起着十分重要的作用，通过教育，可使人性长其善，而去其恶。修之善，则为善人，修之恶，则为恶人。

关于人的才德，司马光主张当以德为先。才是天生的，如一个人的智愚勇怯，

与生俱来，是不可移改的。人的德性，是后天修养的结果，如善恶逆顺，通过学习和教育是可以改变的。才与德的关系是：才是德之"资"，德是才之"帅"，只有以德统帅才，才能发挥才的作用。德才兼备者是圣人，才德皆无者是愚人，德胜于才者是君子，才胜于德者是小人。凡察人、取人之术，如果不能得圣人和君子，与其得小人，还不如得愚人。因为小人挟才以为恶，为害极深。

关于治国道术，司马光的看法是治国要用正术。自春秋战国以后，儒、法、道、墨等各家学说蜂起，这些学说都在阐述治国之道，究竟运用哪种思想治理国家呢？司马光认为治国道术有正邪之分。在他看来，释（指佛教）老（道教）之术，老（老子）庄（庄子）之言，神仙方技，申（申不害）韩（韩非）之术（指法家）都是邪术，不是国家教人之正术。治国的正术应该是圣人之道，即儒家学说。司马光的立意很明显，即以儒治国。

《资治通鉴》的治乱观也异于一般史书，特别是不同于春秋笔法。司马光认为，写历史、叙述国家兴衰、百姓祸福，是要人们自己选择善恶得失，从中吸取经验和教训，而不应该使用一些令人费解的褒贬之词。因此，《资治通鉴》基本上做到了据事直书，使善恶自见，评论也大致得体。如对曹操的记载与评价，就能摆脱一般正统论史学家的俗套，没有简单责骂的偏见，能从事实出发，别具慧眼地认识曹操的历史功绩，并给予较高评价。

从《资治通鉴》的记事原则中，我们可以发现，作者评论历史人物的功过，是以其对国家统一和社会进步是否作出了贡献为主要标准的。如晋元帝，在正史里是一个中兴之主的形象，而《资治通鉴》却揭露他是历史罪人，主要理由是他只图窃居帝位，无心收复失土，虚伪阴险，"素无北伐之志"，甚至阻拦、破坏祖逖

北伐,可见其罪恶昭彰。又如对刘裕、石敬瑭、杜重威等人的鞭笞,也都是以出卖民族利益、丧权失国、不图抗敌、有害统一大业等罪恶事实为依据。其中指出了杜重威作为后晋元帅,竟然投降契丹贵族,最后却落了个被抛弃杀戮、让市人争啖其肉的可悲、可耻下场。着重指斥石敬瑭割让燕云十六州的罪行,最后又以身败名裂而告终。类似这样的记载,司马光都坚持一条原则,即以是否能化乱为治、是否有益统一来定功罪。

被封建统治阶级及史家们诬蔑为盗贼的农民起义军,司马光也不是一味随声附和一般正史,而是以同情笔调如实记载起义原因、活动情况,无所忌讳。

　　总的来说，《资治通鉴》是一部封建统治阶级的"资治"之书，一部基本可信的封建政治史。由于它以总结封建国家治乱兴衰为目的，所以其中不少精辟见解至今仍然有一定的参考价值，这需要读者深入挖掘。

五、《资治通鉴》的编写方法与原则

　　《资治通鉴》的巨大成就表现在许多方面，其中，优良的编撰方法便耐人寻味。本书虽然完成于九百年前，但是它在编撰过程中的一些方法，诸如组织分工、编写程序、写作技巧，乃至为《资治通鉴》一书配备一系列的辅助作品等方面的具体做法，即使时至今日，也还是值得我们认真地研究和借鉴。

(一) 人事分工的合理化

《资治通鉴》是一部官修史书, 这部书是由司马光为首的写作班子集体完成的。一书成于众人之手而达到质量上乘, 没有合理的人事分工, 简直是不可想象的。提到集众修书, 不能不使人联想起往事。唐代以前, 史学领域里原本存在着官修与私修并存的两种修史形式。自唐太宗贞观三年 (公元629年) 开始, 设馆修史, 大臣监修的修史制度便确立, 并沿袭下来而成为永制。然而, 这一制度创立初期, 问题较多, 特别是在唐代武周时期尤为突出。著名史家刘知几曾以亲身体验, 深刻地揭露了官方集众修史的五大弊端: 其一, 缺总裁; 其二, 缺文献; 其三, 缺约束; 其四, 缺章法; 其五, 督导无能。这五种流弊, 从一定程度上揭露了官修史书的松散无能。然而, 如何兴利除弊, 怎样才能发挥集众修书的优越性呢? 刘知几及其以后的许多史家并没有系统指出具体解决办法。至宋代，司马光则通过编撰《资治通鉴》的具体实践，比较圆满地解决了这些问题，特别是在人事分工和彼此协作方面，为当代也为后世做出了表率。

在《资治通鉴》的写作机构中，有主编、协修，还有书吏。其中，主编由司马光亲自担任，刘恕、刘攽、范祖禹三人担任协修，司马光之子司马康检阅《资治通鉴》文字。参与《资治通鉴》协修工作的其他三位学者，是当时最恰当的人选。

被司马光第一个选中的是时任和川（今山西安泽县）县令的刘恕，时年才35岁。刘恕（1032—1078年），字道原，筠州高安（今江西高安）人。自幼聪明好学，酷爱史书，13岁通览汉、唐典籍，18岁考中进士，位居第一，其才华深为主考官所钟爱。刘恕博闻强识，精于史学，对历代治乱兴衰、人物品评、天文地理、氏族世

系，皆能口谈手画，为当时史学高才。史称刘恕"自太史公所论，下至显德末，纪传之外，至私记杂说，无所不览，上下数千载间，巨微之事，如指诸掌"。特别是"魏晋以后事，考证差谬，最为精详"。而且同司马光一样，刘恕一生"尤不信浮屠说，以为必无是事"。据说司马光当初奉皇命编书时，英宗特许他选拔英才，司马光把刘恕列为第一人选。在以后撰修《资治通鉴》的过程中，刘恕专门负责魏晋南北朝时期史料长编，并参与全书体例的商讨。由此可知，在《资治通鉴》协修人员中，刘恕具有纵览全局之才，他

"功力最多"，相当于后世所说的副主编。遗憾的是，宋元丰元年（1078年），年仅46岁的刘恕英年早逝，这时距离《资治通鉴》最后成书还有七年。

第二名协修为刘攽（1023—1089年），字贡父，临江新喻（今江西新余）人。刘攽博学能文，与他的兄长刘敞同年登科，长期担任州县官，时为国子监直讲，以经术教授学生。刘攽与兄长刘敞以及刘敞的儿子刘奉世，都以学问著称当代，世号"三刘"。刘攽精通六经，习知汉魏晋唐之典，是著名的汉史专家，曾经撰写《东汉刊误》四卷，订正出《后汉书》中许多问题。还参与《三刘汉书标注》的工作。刘攽当年担任《通鉴》的协修，委实有点事出偶然。在司马光当初拟定的协修名单中原本没有他，只有刘恕和赵君锡。由于赵君锡的父亲去世而未能就职，于是就由刘攽担任了这个职务，专门负责两汉部分史料的长编工作。

第三个协编是范祖禹（1041—1098年），字淳甫，又字梦得，成都华阳（今四川成都）人。少孤，由他的叔祖范镇抚育。范镇精于唐史，曾经参与过欧阳修主持的《新唐书》的撰修工作，历时十七年。司马光和范镇是好朋友，彼此交往甚密，因而认识范祖禹。范祖禹智识明敏，好学能文，宋嘉祐八年(1063年)中进士，曾任祠部员外郎、著作郎、右谏议大夫、国史院修撰、礼部侍郎等职。他入书局时才30岁，长期和司马光一同修书，不求仕途显达，甘心默默无闻。或许受到了叔祖极大影响的原因，范祖禹精通唐史，深明唐三百年治乱，专修《唐鉴》，可谓唐史专家。范祖禹入书局的时间虽然较晚，但他工作的时间却最长，直到《通鉴》成书，在书局达十五年之久，负责全局事务。范祖禹是编修班子中年龄最小的，也是在书局时间最长、贡献最大的一名助手。《资治通鉴》修成以后，司马光推荐他任秘书省正字。

司马康，司马光儿子。宋熙宁三年(1070年)中进士，进书局年仅29岁。他敏学过人，博通群书，在书局负责检阅文字，在书局工作十几年，也是司马光最得力的助手之一。

在《资治通鉴》动笔之前，司马光高瞻远瞩，胸怀全局，因而有两件大事不但做得必要，做得及时，而且做得恰到好处。第一是精选班子。毫不夸张地说，在古代所有修史机构中，以司马光为首的《资治通鉴》书局堪称是最佳组合的典范。首先是同心同

德。在这个书局中，不论是主编司马光，还是协修刘恕、刘攽、范祖禹，抑或是检阅文字的司马康，他们不只是志同道合，思想观念基本一致，而且在当代重大政治问题上目标一致，都反对王安石变法，不存在政见分歧，具有密切合作的政治基础；其次是学有所长。这几位修史者都是当时史学界的名家，而且既有通才，又有某一领域的专才。刘攽是两汉史专家，范祖禹精通唐史，司马康专门负责文字校阅。这一批英才，在司马光这位甘愿远离官场、热心修书又颇有才华和声望的内行领导下，具备密切合作的业务基础；其三是年龄搭配合理。从年龄结构上看，他们之中，司马光生于1019年，自然属于长者；生于1023年的刘攽次之；刘恕生于1032年，小司马光13岁，属于中年；范祖禹生于1041年，小司马光22岁，司马康生于1050年，又小范祖禹9岁，所以范祖禹、司马康二人称得上是书局中的青年后生。

可见，这是一个典型的老、中、青三结合的写作团体。第二是分工合理。在《资治通鉴》书局中，主编、协修、书吏之间分工明确，各有区域，特别令人钦佩的是任务分配得相当合理，可以说达到了无可挑剔的地步。考虑到各人的业务专长：刘攽是汉史专家，所以负责汉代部分；范祖禹是唐史专家，所以负责唐代部分；刘恕除了负责魏晋南北朝至隋一段外，之所以还要负责五代，那是因为他曾撰修《十国纪年》，对五代史也颇有研究。其余部分由司马光担任。由于划分明确，任务布置合理，撰修者不但能各司其职，充分发挥个人的聪明才智，而且彼此配合非常默契，整个协作有条不紊，从而为以后主编的早日定稿创造了条件。

（二）编写程序的科学化

《资治通鉴》的整个编纂工作共分

三个步骤：第一步制作丛目；第二步编写长编；第三步删改定稿。第一、第二两步，在主编指导下由助手刘恕、刘攽、范祖禹具体完成，第三步则完全由主编司马光一人完成。

所谓"制作丛目"，就是编写出《资治通鉴》的提纲。编制丛目，就是编制全书的总纲，包括标出事目和附注资料两项工作。"标出事目"，就是在入选《通鉴》的历史资料中挑选典型事例标明题目，而后再依照时间为序排列起来，形成一个系统的纲目。当然，列纲目，必须博览群书，必须以涉猎大量历史资料为前提，否则，就难以胜任：或者标不出事目，或者所标事目并不典型。为了确保质量，司马光甚至对协修人员阅读文献的进度也提出了要求。据司马光计算，作《唐纪》丛目，就需要读书千余卷。若以日看一二卷计，需用两三年时间。"附注资料"，就是按标题确定的范围扩大搜集资料，然后分别将新资料附注在各标题之下。关于如何搜集资料，司马光也有具体要求。他特别强调，所有资料都要注意时间顺序。无论是实录资料，还是正史纪传、传记、小说、文集中的资料，都必须严格地按照年代顺序重新布列，若有前后移动，必须注明出处。在致范祖禹的信中，司马光曾明确提出，凡与史事有关的资料，"皆须依年月注所出篇卷于逐事之下"，即使实录中所无者，亦须"依年月日添附"。史料无法确定日期者，附于月之下，称是月；无法确定月者，附于其年之下，称作是岁；无年者，附于其事之首尾；无事可附者，则应大致判断时间的早晚，附于一年之下；稍于其事相涉者，即予注出。关于附注的表述，司马光也有具体要求。他认为，写附注不能照抄原文，应摘录要点，还要注明每一条材料的出处。有年月者注之，无者亦注之，尽量详尽，"但稍与其事相涉者即注之，过多不害"

（《传家集》卷六三《答范梦得》）。司马光如此具体地布置标举事目和附注资料事宜，是因为这两项工作在"制作丛目"中具有重要意义，同时也反映出主编深入、细致的敬业精神。

所谓"编写长编"，就是编写成《资治通鉴》的草稿。昔日所说的"长编"就等于今日所说的底稿或草稿。长编的编纂原则是"宁失于繁，毋失于略"。繁是为了搜集详备的资料，防止遗漏，便于对不同来源的资料进行比较，以便有充分选择的余地，也有助于对史实真伪进行辨析。依照司马光的布署，编写"长编"的过程大体有三个重要环节。

第一要筛选资料。为了编制"长编"，必须选择资料，而要选择资料，首先又必须认真通读文献。因为只有阅览之后，才能进一步熟悉、类集、排比，以便综合处理同时期、同性质的资料，按既定的体系和自己的目的编辑。其次是选择、鉴别史

料。对于如何确定所需要的史料，司马光

认为，只有一个衡量的标准，那就是资料

本身是否可靠。从这个意义上说，正史和

实录不可轻信，杂史、小说未必无凭，关

键在于"高鉴择之"，即鉴别选择。鉴别

实录和正史中的错误，从杂史、小说中选

择出有价值的材料，这既需要求实精神，

又需要明察高鉴的辨别能力和渊博的历

史知识。

第二是编排资料。在这一问题上，司

马光考虑得极其细致。他不只将资料区别为三种类型，并为每类资料都提出了相应的处理方法。一类是事同文异的资料，对这类资料，要选择记事完整、文字清楚的做正文；一类是彼此互有详略的资料，要取长补短，互相补充，自己编排文字来加以修正；一类是事迹及年月不符的，要选取证据充分、情理近于事实的入正文，其余注入其下，以表明取此舍彼的原因。在资料的取舍上，司马光明确地规定了一个指导原则。他在给范祖禹的信中说："诗赋只为文章，诏诰（皇帝发布的命令、文告）只记官吏任免，妖异（鬼神怪异）只限于讲怪诞，诙谐只图取笑，遇有这类资料，直删无妨。但诗赋有所讥讽，诏诰有所诫谕，妖异有所儆戒，诙谐有所补益，就可将其收集起来。"司马光的这一规定，不但扩大了史料范围，而且鉴定了一些历史资料的价值。直至今日，仍具借鉴意义。

　　第三是统一书法。写历史时，所谓书法，就是纪年、记人、记事的格式和方法。关于纪年方面，司马光特别注意年号的统一。年号本是古代帝王在位时用以纪年的名号，因为它历来被认为是政权的象征，所以中国古代史籍往往用年号纪年，而这也就出现了一些相应的问题。如我国古代一帝一年号者，主要是明清两朝。宋代以前每个在位皇帝的

年号不仅多少不一，且各个年号的使用时间也长短不同。如汉武帝在位五十四年，用过年号十一个。武则天在位二十一年，用了十七个年号。还有一年内竟三易年号的情况，如公元712年就曾经出现过唐睿宗的"太极""延和"以及唐玄宗的

"先天"等三个年号。为了整齐年号，避免同年多号歧出。司马光明确规定，凡一年中有两个以上年号的，一律用后一个年号。如公元701年有大足、长安两个年号，就只记长安，略去大足。这一规定不仅使史家修史有所遵循，也使读者读史一目了然。此外关于记人、记事，司马光在对传统编年体继承的基础上，加以创造性发挥、改造。特别值得注意的是，司马光规定"长编"的正文一律用大字书写，其余未采用的材料，一律用小字附注于正文之下，以示区别。

所谓"删改定稿"，是《资治通鉴》成书的最后一步。具体来说，先前由刘恕、刘攽、范祖禹等人编出的"长编"，至此要交由主编司马光独立完成。删改工作大体分两步进行，首先是对长编资料的删繁就简，由博而约，取精用宏的粗删；其次是考订异同，统一体例，统一史观，修改熔铸润色的细删。整个删改定稿工作十分繁杂、艰苦，不仅需要第一流的史学造诣和文字驾驭能力，还需要兢兢业业和坚韧不拔的毅力。司马光为此是孜孜不倦、呕心沥血地工作着。三名助手的全部初稿由他一个人总集成，工作量之大是可以想见的。如唐史长编初稿长达六七百卷，删定完成至少要花费四年时间。这样司马光就必须严格按既定日程日删一卷，因事耽误，事后追补，否则，定稿的时日将遥遥无期。

司马光在《进〈资治通鉴〉表》中总结这一工作时说："臣精细地研究、考查了全部资料，进行了反复思考，从始至终地修订全书，白天时间不够，夜里继续干。翻遍旧史，旁采小说，书稿堆积如山，浩如烟海。"

六、《资治通鉴》的价值

　　《资治通鉴》自成书以来，历代帝王将相、文人骚客、各界要人争读不止。点评批注《资治通鉴》的帝王、贤臣、鸿儒及现代的政治家、思想家、学者不胜枚举、数不胜数。对《资治通鉴》的称誉，除《史记》之外，几乎没有任何一部史著可与其相媲美。

　　《资治通鉴》创立了编年体通史的规模，对编年体史书有重要发展。《资治

通鉴》的内容宏富，从战国到五代的历史兴衰变化，王朝的生生息息、治国安邦的智慧，都蕴含、包容于一书之中。

第一，篇制宏大。司马光的《资治通鉴》采用编年体形式反映历史，上起战国之初的"三家分晋"，下至五代后周，计有294卷。作者不仅改进了编年体的组织方法，而且广征博引，用300余万字的篇幅系统反映了1362年的史事，成为中国古代第一部编年体通史。

第二，放眼于历代兴衰。在修史的指导思想上，司马光在《进〈资治通鉴〉表》中明确指出，是书要"鉴前世之兴衰，考当今之得失，嘉善矜恶，取是舍非"。还说要"专取关国家盛衰，系生民休戚，善可为法，恶可为戒者，为编年一书"。本着原原本本、由古及今地进行考察的方式，试图在历史长河中探求社会发展的规律，始终将历代治乱兴衰之迹作为《资治通鉴》的主线。

　　第三，鲜明的详近略远的特征。历代作者撰修通史，大都是立足于广阔的时间框架，最大限度地展开有关领域的整幅画卷，根本目的是试图从宏观鸟瞰的历史经验资治当代。详近略远成了修通史者必须遵循的一条原则。《资治通鉴》详近略远的特色尤其鲜明。在全书二百九十四卷的篇幅中，《周纪》五卷、《秦纪》三卷、《汉纪》六十卷、《魏纪》十卷、《晋纪》四十卷、《宋纪》十六卷、《齐纪》十卷、《梁纪》二十二卷、《陈纪》十卷、《隋纪》八卷、《唐纪》八十一卷、《后梁纪》六卷、《后唐纪》八卷、《后晋纪》六卷、《后汉纪》四卷、《后周纪》五卷。从中可以看出，在《资治通鉴》所反映的1362年的巨大的时间跨度中，战国及秦汉部分622年的历史，仅用了68卷，大约占全书的23%；魏晋南北朝部分369年的历史，用去108卷，大约占全书的37%，隋唐及五代部分计371年的历史，用

了118卷，大约占全书的40%。由此可见，越是接近于近现代，内容越详尽，篇幅越增大，这是对详近略远优良传统的继承和发扬。

《资治通鉴》是中国古代不可多得的文学佳品，文采的出众，可与"史家之绝唱，无韵之离骚"的《史记》并称史学双璧。司马光既是一流史家，又是语言文字大师，经他千锤百炼的《资治通鉴》，历来与《左传》《史记》一起荣登于优秀文学选读之列。作者优美的文笔，传神的语言，给读者留下了难忘的印象。记人，如亲见其人；写事，如身临其境；勾勒场面，如读历史画卷，都能给人一种审美享受。《资治通鉴》中刻画汉末董卓的形象，注意其内心状态，比陈寿《三国志》中的同一人物的描绘，显然技高一筹。又如记淮阴侯韩信、三国东吴大帅周瑜等，借助言谈、议论，烘托其精神世界，使读者顿觉主人公形象鲜明活泼。特别感人

的要数对那些著名战役的反映，既有宏大战争的场景，又有细节的描写，可谓大气磅礴、酣畅淋漓，即使千年之后读来，仍然令人振奋不已，拍案叫绝。

《资治通鉴》的巨大成就，也应当包括它总结和创立的史法。新史法犹如新鲜血液注入肌肤，使古老的编年体结束了隋唐以来的衰落局面，而且东山再起，重振雄风，显示出勃勃生机。宋代以后方兴未艾的"《资治通鉴》学"中，"续修"与仿制之作自不必说，即使考察盛极一时的"纲目体"这一新型的编年史籍，也同样可以清晰地查找到《资治通鉴》史法留下的痕迹。

　　《资治通鉴》一书是司马光以史学干预政治的文化尝试，也是他文化意识的重要载体。我国有"半部论语治天下，两册史书安民生（一是《史记》，二是《资治通鉴》）"的说法。近代大学者梁启超说过："《资治通鉴》是绝好的皇帝教科书。"全书围绕国家兴衰、民生休戚这个主题，在善可为法、恶可为戒的视角下，为统治阶级和政治家展现了千姿百态的

政治模式，提供了各种各样政治行为的可能性，扩展了他们对历史重大事件本质的理解力，增益了他们治国安邦的智慧。在宋代以后的中国传统政治文化中，《资治通鉴》发挥了巨大的史鉴作用，成为帝王和政治家的重要参考书。

《资治通鉴》的著述意义已远远超过了司马光著史治国的本意，它不仅为统治者提供借鉴，也为全社会提供了一笔知识财富。清代学者王鸣成说："此天地间必不可无之书，亦学者必不可不读之书。"《通鉴》已和《史记》一样，被后人视为史学瑰宝，广为流传，教益大众。